BOEKANALYSE

AF142101

Was het maar waar

· · · · · · · · · · · · · · · · ·

MARC LEVY

BOEKANALYSE

Geschreven door Elena Pinaud
Vertaald door Nikki Claes

Was het
maar waar

MARC LEVY

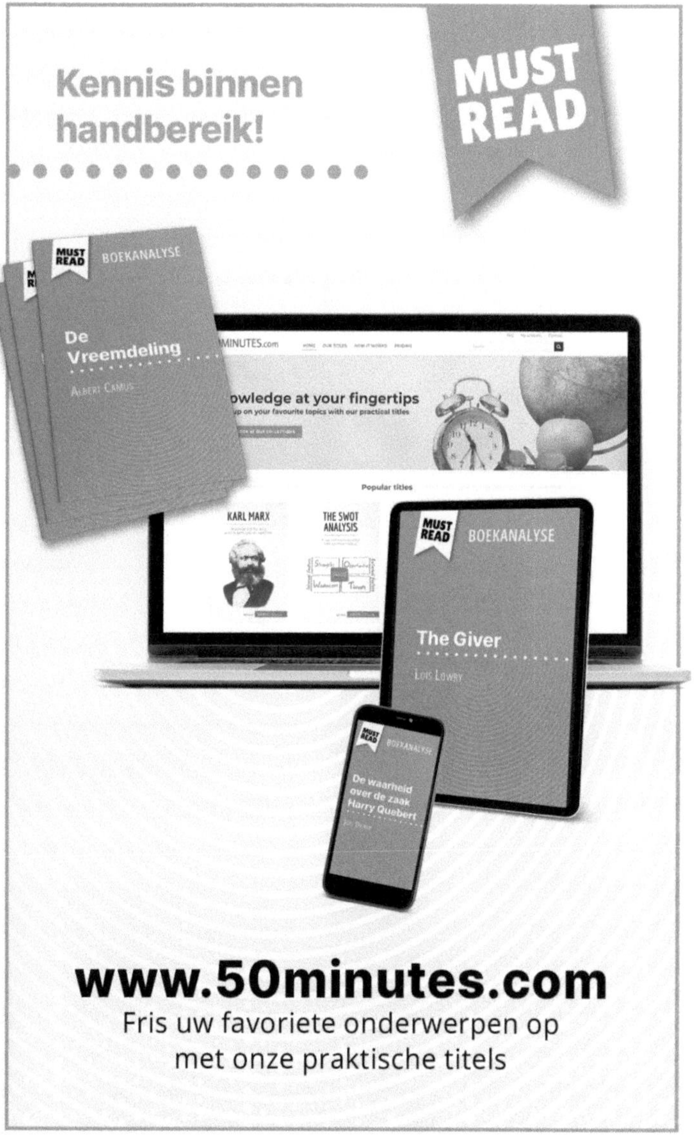
Kennis binnen handbereik!
MUST READ
MUST READ
BOEKANALYSE
De Vreemdeling
Albert Camus
MINUTES.com
owledge at your fingertips
Popular titles
KARL MARX
THE SWOT ANALYSIS
MUST READ
BOEKANALYSE
The Giver
Lois Lowry
MUST READ
BOEKANALYSE
De waarheid over de zaak Harry Quebert
www.50minutes.com
Fris uw favoriete onderwerpen op
met onze praktische titels

MARC LEVY

FRANSE AUTEUR

- **Geboren in Boulogne-Billancourt (Frankrijk) in 1961.**
- **Opmerkelijke werken:**
  - *De schaduwdief* (2010), roman
  - *The Strange Journey of Mr. Daldry* (2011), roman
  - *Sterker dan angst* (2013), roman

Op 18-jarige leeftijd ging Marc Levy bij het Rode Kruis werken als eerstehulpverlener terwijl hij management en IT studeerde in Parijs. Vervolgens richtte hij zijn eigen importbedrijf op in Frankrijk, voordat hij naar de VS verhuisde en twee CGI-bedrijven oprichtte. Zes jaar later nam hij ontslag en richtte hij in Parijs een architectenbureau op, dat een van de meest succesvolle van Frankrijk zou worden.

Na het grote succes van zijn eerste roman *Was het maar waar* (2000), die 70 weken op de bestsellerlijsten stond, begon Levy fulltime te schrijven. Sindsdien heeft hij verschillende andere romans geschreven, die allemaal bestsellers werden in Frankrijk en internationale populariteit verwierven.

WAS HET MAAR WAAR

EEN MEDITATIE OVER HET LEVEN

- **Genre:** roman
- **Referentie-uitgave:** Levy, M. (2005) *Was het maar waar*. Trans. Leggatt, J. New York: Atria Books.
- **1e druk:** 2000
- **Thema's:** liefde, dood, geest, euthanasie, ziel, herinnering

Was het maar waar is een origineel, ontroerend liefdesverhaal over een jonge architect en de ziel van een jonge vrouw die in coma ligt. Dit ongewone bovennatuurlijke avontuur is ook een reflectie op liefde, leven, dood en de onwil van de moderne wereld om spiritualiteit te omarmen, wat de lezer weer aanzet tot dieper nadenken over de zin van het bestaan.

De sterke punten van de roman zijn het transcendentale karakter van het verhaal (dat wil zeggen dat het zich buiten het concrete afspeelt), de realistische beschrijving van de medische wereld en de Amerikaanse samenleving, en de verweven verhaalpassages, geloofwaardige dialogen en brieven. In 2005 bewerkte de Amerikaanse regisseur, producent en scenarist Mark Waters (geboren in 1964) de roman voor de bioscoop onder de titel *Just Like Heaven*.

SAMENVATTING

Lauren Kline, een jonge arts in een Amerikaans ziekenhuis, raakt ernstig gewond bij een auto-ongeluk in de zomer van 1996. Hoewel ze dood wordt verklaard door de twee paramedici die ter plaatse komen, begint ze later weer te ademen, waardoor de politieagenten die haar lichaam moeten vervoeren, verbijsterd zijn.

Ze wordt naar het ziekenhuis gebracht, waar haar baas Fernstein zegt dat ze in coma ligt en permanent hersendood is. Hij stemt er echter mee in haar te opereren als enkele van de andere artsen aandringen, waarbij een van hen hem vertelt dat "hij achter Laurens open ogen had gevoeld dat ze worstelde, en weigerde onder te gaan" (p. 20). In feite is Laurens ziel op de een of andere manier gescheiden van haar lichaam, en bekijkt de scène, maar is machteloos om iets te doen of met iemand te communiceren.

Arthur, een jonge architect die onlangs naar San Francisco is verhuisd, ontdekt een vrouw (die verbaasd is dat hij haar kan zien) in een kledingkast in zijn appartement. Zij is de geest van Lauren Kline, die voor hem in het appartement woonde. Ze vertelt hem dat ze de afgelopen zes maanden in coma heeft gelegen, maar nog steeds alles om haar heen kan horen en, als ze haar zinnen erop zet, zich kan verplaatsen waarheen ze maar wil.

"Alles was binnen haar bereik maar onmogelijk te vatten" (p. 71): haar familie kan haar niet zien en ze mist hen. Vermoeid is ze teruggegaan naar haar appartement, dat ze nog steeds bezit, hoewel haar moeder verondersteld wordt alle administratieve details recht te zetten. Arthur reageert niet goed op haar verschijning en zegt haar naar huis te gaan, maar ze vertelt hem dat hij haar "postmortale huurder" is (p. 33).

Arthur is in de war en denkt dat Lauren gek is, dus besluit hij haar naar het ziekenhuis te brengen. Wanneer hij het levenloze lichaam van de jonge vrouw ziet, denkt hij dat de vrouw bij wie hij is de tweelingzus van Lauren moet zijn. Het gedrag van een verpleegster maakt echter duidelijk dat niemand anders Lauren kan zien, zodat hij haar begint te geloven en haar wil helpen terwijl ze worstelt met haar angst voor de dood. Zijn doel is om haar ziel met haar lichaam te herenigen, en hij begint onderzoek te doen naar coma's. Lauren begrijpt niet waarom hij al die moeite voor haar doet, en de antwoorden die hij haar geeft zijn vaag: hij zegt haar eenvoudigweg "je geeft me geen keus" (p. 73). Hij vertelt haar ook over de dood van zijn moeder Lilian toen hij een kind was en de diepe impact die dit op hem had.

Arthurs secretaresse en zijn zakenpartner Paul denken dat hij depressief moet zijn omdat hij er verloren uitziet en lijkt te zijn gaan praten met iemand die zij niet kunnen zien.

Arthur en Lauren, die eensgezind zijn in hun wens om een oplossing voor de situatie te vinden, groeien naar elkaar toe en zij vertelt hem uiteindelijk dat de artsen haar moeder ervan hebben overtuigd dat euthanasie de beste optie voor haar is. Arthur wil haar niet verliezen, dus doet hij zich voor als een vriend van Lauren en probeert haar moeder op andere gedachten te brengen. Ze vertelt hem hoeveel ze van haar dochter houdt en hoeveel pijn het haar doet dat ze nooit meer actief zal zijn, daarom wil ze haar leven laten beëindigen.

Nadat hij er niet in slaagt Laurens moeder op andere gedachten te brengen, formuleert Arthur een plan om haar lichaam uit het ziekenhuis te stelen en er zelf voor te zorgen. Hij weet twee sets operatiekleding te bemachtigen en vraagt zijn vriend Paul een ambulance te stelen, waarbij hij hem alles over Lauren vertelt: "Ze is mooi, Paul, en ze is grappig en geestig, en we praten over alles. Natuurlijk zijn we het soms oneens en maken we ruzie, maar er is een verbazingwekkende tederheid tussen ons gegroeid. Ik voel me thuis bij haar" (p. 119). Paul antwoordt: "Ik denk dat je haar net verteld hebt dat je verliefd bent" (p. 120), omdat hij vermoedt dat haar geest bij hen moet zijn.

Wanneer ze in het ziekenhuis aankomen, beweert Arthur dat hij een dokter is die Laurens lichaam moet vervoeren, en de verpleegster gelooft hem. Wanneer ze hem vraagt haar te helpen een patiënt te redden die een hartaanval heeft, durft hij haar de waarheid niet te vertellen omdat dit zijn plan in gevaar zou brengen. Met de hulp van Lauren, die niets van haar medische opleiding is vergeten, slaagt hij erin het leven van de patiënt te redden.

Met Pauls hulp brengt Arthur Laurens lichaam terug naar zijn appartement, en vervolgens naar het huis aan het strand dat hij van zijn moeder heeft geërfd. Hij denkt terug aan de laatste keer dat hij bij zijn moeder was, toen hij nog maar een kind was, en aan zijn eenzame jaren op school en de universiteit. Na het lezen van een brief van haar, waarin zij hem waarschuwt niet zijn leven lang naar zijn hoofd te luisteren in plaats van naar zijn hart, zoals zij deed ("Ik was bang om de gevestigde orde van de dingen te verstoren en opnieuw te beginnen - bang dat het niet zou werken, dat het allemaal maar een droom was. But not owning up to my love for Anthony was a nightmare", p. 161), heeft hij eindelijk de moed om Lauren te vertellen wat hij voelt.

Intussen zet inspecteur Pilger, die het lichaam van Lauren moet opsporen, zijn onderzoek voort. Hij heeft twee aanwijzingen: de eerste houdt verband met een ambulance die verschillende keren rond Arthurs blok reed, en de tweede betreft een architect die door Laurens moeder werd genoemd en die tegen euthanasie is. Hij leidt daaruit af dat Arthur achter de ontvoering moet zitten.

Hij gaat naar Carmel, aan de Californische kust, waar de jongeman, die tot vijf jaar gevangenisstraf kan krijgen, alles ontkent. Maar net als Pilger op het punt staat te vertrekken, opent Laurens geest de deur van het kantoor waar haar lichaam ligt, zodat hij ziet dat ze nog leeft. Arthur heeft geen andere keuze dan te bekennen.

Pilger is geraakt door zijn verhaal en neemt het lichaam mee terug naar het ziekenhuis, zonder iemand te vertellen wie het heeft meegenomen: "Het kan me niet schelen waarom je het deed. Moed betekent dat je doet wat je denkt dat het beste is als de tijd rijp is om te handelen, zonder over de gevolgen na te denken" (p. 216). Arthur en Lauren gaan terug naar hun appartement in San Francisco om te wachten op de euthanasie, die nu kan doorgaan.

Ondertussen blijft het paar, dat "geliefden, vrienden, metgezellen voor het leven" (p. 218) is geworden, het beste maken van elke seconde. Drie maanden later maakt Lauren Arthur wakker om afscheid te nemen, omdat de euthanasie heeft plaatsgevonden. Bij het horen van het nieuws valt hij flauw en blijft, nadat hij is bijgekomen, dagenlang opgesloten in zijn appartement. Een telefoontje van Pilger haalt hem echter uit zijn isolement. Het blijkt dat Lauren tien dagen geleden uit haar coma is gekomen, maar niet kan spreken of haar ledematen kan bewegen. Arthur gaat dan elke dag bij haar bed zitten. Wanneer het haar eindelijk lukt om te spreken, vraagt ze hem wie hij is. Opgelucht en hevig verliefd wil Arthur haar hun verhaal vertellen omdat zij "de enige persoon ter wereld is die mijn geheim kan delen" (p. 229).

KARAKTERSTUDIE

ARTHUR

Arthur is een jonge architect die op tienjarige leeftijd wees werd. Hij had een eenzame jeugd en adolescentie, maar vond troost in de herinneringen aan zijn moeder. Hij studeerde in de VS en Europa voordat hij samen met zijn vriend Paul een architectenbureau opende. Hij heeft een succesvolle carrière en is gepassioneerd over zijn werk. Omdat zijn vader er niet was toen hij opgroeide, was zijn moeder degene die hem voorbereidde op de uitdagingen van het leven en probeerde hem positieve waarden bij te brengen:

> *"Met stukjes en beetjes van Lili's lessen stelde hij houdingen, gebaren en een onverbiddelijk logische geest samen. Arthur was een gelijkmoedig kind geweest, en dat bleef hij ook als tiener, met daarbij een ongewoon scherp observatievermogen." (p. 144)*

Misschien is het zijn gehechtheid aan zijn overleden moeder, die heel spiritueel was, die Arthur in staat stelt Laurens ziel te zien en met haar te communiceren. Hij probeert het lichaam en de ziel van de jonge vrouw te herenigen, ondanks de schijnbare irrationaliteit en absurditeit van de taak, omdat hij iets nuttigs wil doen met zijn leven. Dit verlangen wordt duidelijk wanneer hij Lauren vertelt over een dokter die een meisje dat haar hele leven blind was geweest haar gezichts-vermogen teruggaf en het geluk dat de dokter voelde toen het meisje voor het eerst haar moeder zag. Arthur deelt dezelfde bron van empathie: hij ziet waarde in het helpen van mensen, ongeacht wie ze zijn.

Het feit dat hij zijn moeder niet kon helpen toen zij aan kanker stierf, draagt ook bij aan zijn verlangen om te helpen: "'Ik had dokter moeten worden.' [Arthur zei tegen Lauren] 'Waarom ben je dat niet geworden?' 'Omdat mijn moeder te vroeg stierf'" (p. 80). Hij is een zeer spiritueel persoon, en gaat ongewone ervaringen niet uit de weg, zoals blijkt uit zijn liefde voor een lichaamloze ziel en zijn vastberadenheid om haar te redden. De ontmoeting met Lauren geeft zijn leven zin.

LAUREN

Lauren Kline is ongeveer 30 jaar oud, is een briljante coassistent in het San Francisco Memorial Hospital en houdt van haar werk. Na een auto-ongeluk raakt ze in coma. Terwijl haar lichaam in het ziekenhuis blijft, keert haar ziel terug naar haar appartement, dat Arthur momenteel huurt. Ze is verbaasd dat hij haar kan zien.

Om te beginnen zijn de relaties tussen de twee nieuwe "huisgenoten" enigszins gespannen. Lauren is koppig, pittig en sarcastisch, en niet bang om voor zichzelf op te komen: "Hou gewoon je mond en sluit je ogen. Dan hoeven we de nacht hier niet door te brengen" (p. 32). Wanneer hij beseft dat de onwaarschijnlijke situatie van Lauren wel degelijk reëel is, besluit Arthur haar te helpen haar ziel weer bij haar lichaam te voegen, en haar vervolgens te behoeden voor euthanasie. De twee gaan vervolgens van kamergenoten naar bondgenoten naar geliefden.

Deze ontwikkeling lijkt onvermijdelijk vanaf hun eerste ontmoeting, wanneer Arthur haar beschrijft door te zeggen: "Je hebt een volle mond, een bleke huid, een aangenaam gezicht waarvan de lieflijkheid in totaal contrast staat met je gedrag. Je haar is een beetje een rommeltje en kan wel een goede kambeurt gebruiken, maar het heeft best een mooie kleur" (p. 34). Terwijl Arthur Lauren helpt, helpt zij ook hem, omdat zij hem in staat stelt zijn verleden onder ogen te zien, en met name de dood van zijn moeder toen hij nog een kind was.

LILIAN

Lilian is de moeder van Arthur. Ze was een rijke vrouw, en hoewel ze stilletjes aan kanker bezweek zonder de kans te krijgen afscheid te nemen van haar zoon, heeft ze voor haar dood regelingen getroffen voor zijn opvoeding en financiële en sociale toekomst. Zelfs na haar dood blijft ze met hem communiceren en hem haar steun aanbieden via brieven, die ze ofwel verborg ofwel aan verschillende mensen gaf (de directrice van Arthurs school, de familie notaris, berichten verborgen in dozen in het huis in Carmel, etc.), zodat hij ze kan lezen op belangrijke momenten in zijn leven.

Ze was een zeer moedige vrouw, maar haar standvastige toewijding aan haar man (die haar verliet) bracht haar ertoe haar vriend Anthony weg te duwen, hoewel hij echt van haar hield en ze samen gelukkig hadden kunnen zijn. Wanneer Arthur een brief van zijn moeder leest waarin zij dit bekent, besluit hij Lauren te vertellen dat hij van haar houdt. Arthur heeft ook zijn hang naar spiritualiteit en zijn moed om zich in de geestenwereld te begeven geërfd van zijn moeder, die hem leerde over liefde, dood en overleven:

> *"En luister naar me - als ik in het water zou vallen, zou je er niet in springen om me te redden, want dat zou dom zijn. Wat je zou doen is het volgende: je zou je arm uitstrekken om te zien of je me weer aan boord kon helpen.*

Als dat niet lukt en ik verdrink, weet je dat je het geprobeerd hebt. Je zou gemoedsrust hebben. Je zou niet voor niets het risico hebben genomen te sterven, maar je zou alles hebben gedaan om mij te redden." (p. 139)

PAUL

Paul is Arthurs zakenpartner en beste vriend. Ze leerden elkaar kennen toen Arthur bij het Museum of Modern Art werkte, en richtten daarna samen een architectenbureau op. Hij is grappig en zeer loyaal, en maakt zich aanvankelijk zorgen over de geestelijke gezondheid van zijn vriend. Zodra Arthur hem over Lauren vertelt, denkt hij er niet over na om een ambulance te stelen en ernstige misdaden te plegen (met name het stelen van Laurens lichaam) om zijn vriend te helpen, ook al twijfelt hij nog steeds aan het bestaan van een geest.

Hij kent Arthur heel goed en beseft als eerste dat hij verliefd is geworden op Lauren. In de loop der jaren zijn de twee mannen goede vrienden geworden: "Elke man was comfortabel en zelfverzekerd in zijn rol, en in vijf jaar partnerschap was er nooit een schaduw van conflict tussen hen geweest. Ze waren onafscheidelijk" (p. 134).

INSPECTEUR PILGER

George Pilger is rechercheur bij de divisie Strafrecht en na 30 jaar in het vak te hebben gezeten, nadert hij zijn pensioen. Hij komt over als nors, plezierig en koppig, en zijn gevoel voor humor kan hem in de problemen brengen. Wanneer hij Arthur gaat ondervragen over de verdwijning van het lichaam van Lauren, hangt hij aan elk woord van de jongeman als deze het heeft over zijn carrière als architect. Er ontstaat een soort verstandhouding tussen hen, zozeer zelfs dat Arthur het geheim van Lauren aan Pilger toevertrouwt.

Na hun gesprek vindt deze man, die Arthur nog nooit eerder had ontmoet, zijn gedrag eervol en besluit hij hem te dekken door ervoor te zorgen dat de zaak wordt opgeborgen. Hij is ook de persoon die Arthur vertelt dat Lauren uit haar coma is ontwaakt. Via de personages van Paul en inspecteur Pilger geeft Levy een geïdealiseerde voorstelling van vriendschap.

ANALYSE

EEN MODERN SPROOKJE

Sprookjes komen voort uit de volkstraditie en werden aanvankelijk mondeling doorverteld. Het genre kreeg meer erkenning en aanzien toen de verhalen werden opgeschreven door auteurs als Charles Perrault (Franse schrijver, 1628-1703) in de 17e eeuw, Gabrielle-Suzanne Barbot de Villeneuve (Franse romanschrijver, 1695-1755) in de 18e eeuw en de gebroeders Grimm (Duitse taalkundigen, filologen en sprookjesverzamelaars) in de 19e eeuw. Het succes van hun verhalen heeft bijgedragen tot de vaststelling van de duurzame kenmerken van het genre, namelijk:

- de verdeling van personages in gemakkelijk herkenbare categorieën van "goed" en "kwaad"

- de aanwezigheid van fantastische elementen, met buitengewone personages waarvan het bestaan niet in twijfel wordt getrokken

- een gelukkig einde, dat het einde betekent van de ontwikkeling van de hoofdpersonen.

Levy heeft *Was het maar waar* beschreven als een modern sprookje, en een aantal elementen ondersteunen deze bewering.

Het eerste personage dat we leren kennen is Lauren, die voor iedereen onzichtbaar is, behalve voor Arthur, die ze niet kent.

Deze verschijning is een fantastisch element, een van de karakteristieke kenmerken van het sprookjesgenre.

Lilian, die jaren voor het begin van het verhaal is overleden, kan ook worden gezien als een fantastisch personage, want ook al is ze dood, ze lijkt een tastbare aanwezigheid te hebben in Arthurs geest en in hun oude huis. Ze wordt afgeschilderd als enigszins excentriek (ze bedenkt zich geen twee keer om haar zoon wakker te maken zodat hij naar de zonsopgang kan kijken), maar zeer vriendelijk en wijs. Ze helpt ook de twee geliefden bij elkaar te brengen, als een fee of een beschermengel: "Ik hou van je, waar ik ook ben, en ik waak over je" (p. 148).

Het boek heeft ook een mondelinge dimensie, want Lauren is zowel een jonkvrouw in nood als de verteller van haar eigen verhaal:

> *"Wat ik je moet vertellen is niet makkelijk te begrijpen. Het lijkt misschien onmogelijk te accepteren. Maar als je naar mijn verhaal luistert - als je bereid bent me te vertrouwen - dan geloof je me misschien uiteindelijk. En het is heel belangrijk dat juist jij me gelooft. Want zonder het te weten ben jij de enige in de wereld die mijn geheim kan delen." (p. 35)*

Bovendien schreef Levy het boek uit de wens zijn zoon een verhaal te vertellen, niet als kind, maar als de volwassene die hij zal worden.

Levy's aanpak is vernieuwend omdat hij Lauren een meer ontwikkelde rol geeft dan de jonkvrouw in nood uit de traditionele verhalen, aangezien zij een belangrijke rol speelt in het verhaal en de actie aanstuurt: zij is in zekere zin degene die Arthur redt en hem helpt zijn verleden onder ogen te zien.

LIEFDE EN GELUK

Was het maar waar toont verschillende soorten liefde, die allemaal even belangrijk zijn voor ons geluk:

- **Ouder-kind liefde.** Lilian slaagt erin een rol te blijven spelen in het leven van haar zoon en hem te leren de pijn van haar dood te overwinnen. Dit betekent dat ze samen gelukkig kunnen zijn, zelfs nadat zij is overleden. Terwijl Laurens moeder van haar dochter houdt, laat ze zich door de artsen overtuigen dat euthanasie de beste optie is, omdat ze denkt dat haar leven eindigde met haar hersendood:

> *"Het bed dat Lauren bezette kon worden gegeven aan een andere patiënt, één met hoop op overleving. De ene soort schuld werd vervangen door een andere. Na enkele uren brak mevrouw Kline."* (p. 92)

Dit is een daad van moed, omdat het betekent dat haar dochter echt zal sterven en ze haar nooit meer zal zien. Het is ook een daad van liefde, want alleen echte liefde kan ons de kracht geven om de mensen van wie we houden te laten gaan.

- **Liefde tussen een man en een vrouw.** Arthur en Lauren hebben beiden al eerder relaties gehad, maar geen van deze waren onvergetelijke liefdesrelaties. Hun ontmoeting en relatie bewijzen dat liefde de dood, wedergeboorte en de grenzen van de verbeelding kan overstijgen.

Liefde kan een manier zijn om de geheimen van leven en dood te ontdekken, en een beproeving die ons in staat stelt het belang van elk moment ten volle te waarderen. Hoewel Lauren een dolende ziel is en Arthur een mens van vlees en bloed, slagen ze erin hun liefde te voltooien ("Laurens geest werd opgenomen in zijn lichaam, en kwam in hem voor de tijd van een omhelzing, zo vluchtig en magisch als een eclips", blz. 164) en het ware geluk te ervaren. Omdat de dood zonder waarschuwing kan toeslaan, beseffen de twee hoofdpersonen hoe belangrijk het is om elk moment te beleven alsof het hun laatste is: "Het leven is magisch, Arthur, en ik weet wat ik zeg, want sinds mijn ongeluk waardeer ik elk moment. Dus ik smeek je, laten we het beste maken van alle seconden die we nog hebben" (p. 209).

- **Vriendschap.** Arthur en Paul zijn echte vrienden, en hun vergelijkbare jeugd heeft een onbreekbare band tussen hen gecreëerd. Ze zijn allebei opgevoed door hun moeder en groeiden op het platteland op voordat ze naar kostschool werden gestuurd. Ze delen ook een passie voor architectuur, net als Levy, die ook op dit gebied werkte. Paul helpt Arthur, ook al is hij niet volledig overtuigd van het spookverhaal. Hij is min of meer Arthurs enige sociale contact, en hij is degene die hem uit zijn isolement dwingt door hem tot actie aan te zetten. De relatie tussen de twee mannen laat zien dat vriendschap een van de sleutels is tot geluk.

STEDELIJKE ONZICHTBAARHEID

Levy gebruikt het personage van Lauren om de onzichtbaarheid en eenzaamheid te illustreren die het leven in een grote stad met zich meebrengt. Zij is alleen omdat ze in beslag wordt genomen door haar werk, terwijl Arthur in het eerste deel van het boek behalve Paul geen vrienden lijkt te hebben. Arthurs moeder had hem gewaarschuwd voor eenzaamheid toen hij nog een kind was: "Eenzaamheid is een tuin waar de bloemen geen geur hebben, en de geest verdort" (p. 142).

De twee personages worden pas minder eenzaam in het tweede deel van de roman, wanneer ze de stad verlaten voor het meer geïsoleerde Carmel. Bovendien is het met de hulp van een geest dat Arthur de spoken uit zijn verleden onder ogen ziet.

In deze afgezonderde omgeving worden de twee eenzame personages geliefden en, in een verrassende wending, ontwikkelt Arthur een vriendschap met inspecteur Pilger. Dit zeer actuele thema plaatst de roman verder in de hedendaagse sociale realiteit, waar steeds meer mensen zich eenzaam en onzichtbaar voelen, zelfs als ze omringd zijn door duizenden mensen en de drukte van het stadsleven. Uiteindelijk vinden Arthur en Lauren diepgang en betekenis in hun leven door de liefde.

Een nadere beschouwing leert dat deze eenzaamheid meestal samenhangt met een gebrek aan communicatie, een van Laurens angsten: "Ik moet zo graag praten. Ik heb zoveel gezien, zoveel gedacht, zo lang alleen geweest. Ik heb zoveel dingen opgeslagen om te zeggen" (pp. 37-38). Hoewel Arthur in het eerste deel van de roman de persoonlijke vragen van Lauren bewust ontwijkt en haar ervan beschuldigt in zijn hoofd te willen kruipen, spreekt hij in het tweede deel vrijer en veel uitgebreider. Er is een belangrijke verandering in de relatie van de personages met taal zodra ze naar het huis in Carmel gaan, weg van het stadsleven dat echte communicatie onmogelijk maakt.

EEN SPIRITUELE ZOEKTOCHT

De roman van Levy onderscheidt zich van de traditionele romantische verhalen doordat er twee personages in voorkomen die elkaar perfect aanvullen en zelfs als onafscheidelijk van elkaar gezien kunnen worden. Aan de ene kant hebben we Arthur, die staat voor het lichaam en het fysieke, en de bewegingsvrijheid die daarmee gepaard gaat, en Lauren, die een transparante, dolende ziel is en geen concrete objecten kan hanteren.

Hoewel ze geen fysieke interactie met haar omgeving kan hebben, geeft haar omzwervingen haar een beter inzicht in wat echt belangrijk is in het leven, en wat niet:

> *"Ik kan in een hoekje van het Oval Office gaan zitten en naar staatsgeheimen luisteren. [...]'*
>
> *Alles, of bijna alles, was mogelijk voor haar. [Arthur, met zijn oor aan zijn mobieltje gekluisterd, was benieuwd of ze tenminste één van die ervaringen had uitgeprobeerd.*
>
> *'Nee, [...] gisteren was de eerste keer dat ik heb geslapen sinds dit is gebeurd. En uiteindelijk, wat is het nut van winkelen als je niets kunt aanraken?" (p. 81)*

Pas wanneer Arthur en Lauren geliefden worden, komen hun geest en lichaam in perfecte harmonie samen en wordt de symbiose tussen de twee personages onthuld "voor de tijd van een omhelzing" (p. 164). Deze spirituele dimensie brengt Lauren, die gevangen zit in de ruimte tussen leven en dood, ertoe na te denken over haar relatie met God:

> *"Geloof je in God?*
>
> *'Niet echt, maar in mijn toestand ben je geneigd die dingen te herwaarderen. Ik geloofde ook niet in geesten.'" (p. 72)*

Het andere vrouwelijke personage dat zowel Arthur als het boek als geheel een band met de spirituele wereld geeft, is zijn moeder Lilian, die stierf toen hij nog een kind was. Zij maakt hem bewust van de wereld om hem heen en moedigt hem aan zich ermee te verbinden in een veilige, ondersteunende omgeving: "De zee houdt onze blik vast, net zoals het land onze voeten vasthoudt" (p. 135).

Deze twee vrouwen houden elk op hun eigen manier van Arthur, en hebben enkele kenmerken gemeen:

- Een lichaam dat niet meer werkt (in Lilian's geval wordt haar lichaam geteisterd door kanker).

- Een neiging tot contemplatie: "Lauren hield van dat stuk van de Pacific Coast Highway tussen San Francisco en Monterey, hield ervan de zon de hoge kustheuvels te zien beklimmen en te zien schitteren op de koude Stille Oceaan eronder" (p. 5). Dit doet Arthur denken aan zijn moeder: "Kom op, liefje, anders is de zon er eerder" (p. 136).

Zo zien we dat Lauren en Lilian een ziel hebben, terwijl Arthur slechts een lichaam is dat doelloos door het leven drijft, wachtend op iemand of iets dat hem tot actie aanzet. Paradoxaal genoeg komt die aansporing van een vrouw die dood is en een andere die in coma ligt.

Het is ook interessant dat Lauren en Lilian in zekere zin dubbelgangers van elkaar zijn. Ze hebben dezelfde voorletter en helpen allebei de man van wie ze houden. Lauren moedigt hem aan zijn verleden en het beeld dat hij van zijn moeder heeft onder ogen te zien ("Je kunt niet negeren wat er in de koffer zit: je zou haar regels overtreden. Ze liet het je na zodat je alles over haar te weten kon komen, dingen die jullie twee niet mochten delen van de dood", p. 160), terwijl Lilian uit het verleden komt om hem te helpen de toekomst onder ogen te zien: "Je leven ligt voor je. Jij alleen bent er meester over" (p. 148).

LEVEN EN DOOD

De overgang tussen leven en dood is snel en onvoorspelbaar. Lauren leidt een druk leven en wordt in beslag genomen door haar werk. Ze leeft volop en het idee van sterven komt nooit bij haar op, omdat ze zich niet bewust is van haar eigen sterfelijkheid en zich boven dit soort overwegingen verheven voelt. Een van de artsen die haar probeert te redden zegt zelfs dat "hij voor het eerst in zijn medische carrière het gevoel had dat deze vrouw niet wilde sterven" (p. 20). Vervolgens gaat ze van het leven over in de dood en wordt ze door Arthurs liefde weer tot leven gewekt, met een soort wedergeboorte tot gevolg.

Hoewel Arthur leeft, wordt hij meer geïdentificeerd met de dood. Ondanks zijn succesvolle carrière is hij niet gelukkig. Hij wordt overweldigd door zijn herinneringen en trekt zich terug in het verleden, waardoor hij niet meer in het moment leeft, totdat hij Lauren ontmoet en beseft dat hij zijn leven in eigen hand moet nemen en ten volle moet leven. Zijn inspanningen om Lauren te redden en zijn relatie met haar geven zijn leven zin en doel. Hij komt tot het inzicht dat "niets onmogelijk is. De beperkingen van het verstand vertellen ons alleen dat bepaalde dingen buiten ons begrip vallen" (p. 186).

Zijn reis is dus vergelijkbaar met die van Lauren: hij geniet van een gelukkige jeugd met zijn moeder, beleeft een eerste "dood" als tiener, wordt gedwongen volwassener te worden als zijn moeder sterft, en komt weer tot leven als hij Lauren ontmoet en verliefd wordt op haar. Het verschil tussen de verhalen van de twee hoofdpersonen is dat de dood van Lauren echt is (hoewel het eerder haar hersenen dan haar lichaam treft), terwijl die van Arthur symbolisch is in die zin dat hij geen belangstelling meer heeft voor de wereld van de levenden: hij is een omhulsel van een persoon geworden, zonder de levenslust die Lauren drijft.

In zekere zin zijn de personages een spiegelbeeld van elkaar: zonder Arthurs hulp zou Lauren waarschijnlijk niet uit haar coma zijn ontwaakt, maar zonder Laurens onverwachte opleving zou Arthur waarschijnlijk in een vegetatieve toe-stand zijn gebleven:

> *"Nu moet je terugkeren naar de realiteit. Je verpest je leven. Je werkt niet, je ziet eruit als een dakloze op een goede avond, je bent zo dun als een spijker - je ziet eruit als een vluchteling. We hebben je al weken niet op kantoor gezien. Mensen vragen zich af hoe het met je zit." (blz. 223-224)*

Hoewel de roman enkele tragische elementen bevat, is de toon licht en teder, en wordt steeds weer dezelfde bood-schap verkondigd: haal het beste uit het leven. De diep men-selijke personages en het ontroerende verhaal zorgden ervoor dat de roman en zijn boodschap bij veel lezers aan-sloegen, en het boek werd een bestseller en werd in 2005 verfilmd door Mark Waters.

VERDERE REFLECTIE

ENKELE VRAGEN OM OVER NA TE DENKEN...

- De liefde tussen ouders en hun kinderen wordt in de roman geïllustreerd door zowel Lilian en Arthur als Lauren en haar moeder. Geef commentaar op deze twee relaties.

- Wat motiveert Arthur om Laurens ziel te helpen zich weer bij haar lichaam te voegen?

- Waarom stemt Paul er volgens jou mee in om Arthur te helpen Laurens lichaam te stelen? En waarom besluit inspecteur Pilger de identiteit van de dief geheim te houden?

- Laurens vader zegt: "De beperkingen van het verstand vertellen ons gewoon dat bepaalde dingen buiten ons begrip vallen" (p. 186). Bespreek deze uitspraak met betrekking tot het voortbestaan van de ziel na de dood en tot de titel van de roman.

- Hoe verklaar je het feit dat Fernstein aanvankelijk terughoudend is om Lauren te opereren, maar dan van gedachten verandert?

- Welke menselijke waarden benadrukt Levy in deze roman?

- Stel je voor hoe Arthur het verhaal aan Lauren zou vertellen aan het einde van de roman, als ze wakker is geworden zonder enige herinnering aan hem.

- Euthanasie en hulp bij zelfdoding zijn legaal in sommige landen, zoals België en Nederland, maar illegaal in andere landen, zoals Frankrijk en het Verenigd Koninkrijk. Maak aan de hand van de argumenten van Laurens moeder en Arthur een pleidooi voor of tegen euthanasie.

- Liefde is een alomtegenwoordig thema in literatuur en film. Kunt u andere voorbeelden geven van liefdesverhalen die leven en dood overstijgen in romans, korte verhalen of films?

- Waarin verschilt *Was het maar waar volgens* u van andere sprookjes, met name wat betreft de behandeling van de personages?

VERDER LEZEN

REFERENTIE-UITGAVE

Levy, M. (2005) *Was het maar waar*. Trans. Leggatt, J. New York: Atria Books.

AANPASSING

Just Like Heaven. (2005) [Film]. Mark Waters. Dir. USA: DreamWorks.

*We horen graag van jou! Laat
een reactie achter op jouw online bibliotheek
en deel je favoriete boeken op social media!*

De uitgever garandeert de betrouwbaarheid van de gepubliceerde informatie, die echter niet onder zijn verantwoordelijkheid valt.

www.50minutes.com

Master ISBN: 9782808687775
Papier ISBN: 9782808699174
Wettelijk depot: D/2023/12603/1197

Omslag: © Primento

Digitaal ontwerp: Primento, de digitale partner van uitgevers.